BEI GRIN MACHT SICH IHR WISSEN BEZAHLT

Christina Reuter

Rehabilitatives Training zur Schmerzfreiheit und Beweglichkeit im Schulterbereich

Trainingsplan (Trainingslehre IV)

GRIN Verlag

Bibliografische Information der Deutschen Nationalbibliothek:

Die Deutsche Bibliothek verzeichnet diese Publikation in der Deutschen National-
bibliografie; detaillierte bibliografische Daten sind im Internet über http://dnb.d-
nb.de/ abrufbar.

Impressum:

Copyright © 2013 GRIN Verlag GmbH
Druck und Bindung: Books on Demand GmbH, Norderstedt Germany
ISBN: 978-3-656-87072-2

Dieses Buch bei GRIN:

http://www.grin.com/de/e-book/286771/rehabilitatives-training-zur-schmerzfreiheit-
und-beweglichkeit-im-schulterbereich

GRIN - Your knowledge has value

Der GRIN Verlag publiziert seit 1998 wissenschaftliche Arbeiten von Studenten, Hochschullehrern und anderen Akademikern als eBook und gedrucktes Buch. Die Verlagswebsite www.grin.com ist die ideale Plattform zur Veröffentlichung von Hausarbeiten, Abschlussarbeiten, wissenschaftlichen Aufsätzen, Dissertationen und Fachbüchern.

Besuchen Sie uns im Internet:

http://www.grin.com/

http://www.facebook.com/grincom

http://www.twitter.com/grin_com

Deutsche Hochschule für

Prävention und Gesundheitsmanagement

Hermann Neuberger Sportschule 3

66123 Saarbrücken

Einsendeaufgabe

Fachmodul: Trainingslehre IV

Studiengang: Bachelor Fitnessökonomie

Version Studienbrief: Febr. 2013, re.09.009.000

(Datum des Vorwortes, Versionsnummer in Fußzeile des Studienbriefes)

Matrikelnummer:

Name, Vorname: Reuter, Christina

Studienort: **Berlin**

Semester: **WS 2011**

EA 1) Diagnose/ Anamnese

a) Allgemeine Personendaten

Zur optimalen Erstellung eines Trainingsplanes für ein rehabilitatives Krafttraining ist es notwendig, vorher eine Diagnose durchzuführen. Allgemeine Personendaten dienen hierbei der besseren Planung des Trainingsumfanges und der Trainingsintensität.

Tab.1: Darstellung der allgemeinen Personendaten

Alter	58 Jahre
Geschlecht	Weiblich
Beruf	Friseurin (seit 38 Jahren)
Trainingsmotive	Stärkung (Muskelaufbau) des gesamten Körpers; Schmerzfreiheit sowie uneingeschränkte Beweglichkeit im Schulterbereich, Beruf ohne Einschränkungen durchführen können (Rehabilitation)
Aktuelle sportliche Aktivitäten	1x pro Woche Freizeitschwimmen (60min), wenn kein Schmerzgefühl
Frühere sportliche Aktivitäten	vor 15 Jahren: 2x pro Woche 60min Volleyball spielen (Verein)
Zeitlicher Verfügungsrahmen	2 Trainingseinheiten pro Woche (90min)

Anhand dieser Daten werden Belastungsintensitäten, die Übungsauswahl und der zeitliche Trainingsaufwand sowie weitere Parameter des Trainingsplanes bestimmt.

b) Spezifische Anamnesedaten

Folglich dient die spezifische Anamnese der Aufnahme des Krankheitsbildes und der Krankheitsgeschichte.

Tab.2: Darstellung der spezifischen Anamnesedaten

Ärztliche Diagnose/ Krankheitsbild
Chronisch- degeneratives Impingement- Syndrom beidseitig
Krankheitsverlauf
Sommer 2013: leichtes Schmerzgefühl bei abduzierenden Armbewegungen über 60° im Beruf sowie Alltag
September 2013: starke Schmerzen bei Bewegungen im Schulterbereich, vorerst keine Berufstätigkeit mehr möglich, Taubheitsgefühl in Fingern
Oktober 2013 nach OP bis heute: Kraftlosigkeit in beiden Schultern, temporäre Schulter- und Armschmerzen, gestörte Bewegungsabläufe im Schulterbereich
Bisherige medizinische Behandlung
Sommer 2013: Einnahme entzündungshemmender Medikamente
September 2013: Ultraschalluntersuchung: entzündeter verdickter Schleimbeutel festgestellt
Oktober 2013: Schulterarthroskopie (Schleimbeutelentfernung; Durchtrennung des Lig. Coracoacromiale)
November 2013: Schmerzmittelbehandlung, Krankengymnastik nach OP (Mobilisationsübungen) sowie 4-wöchiges Rehabilitationstraining an Geräten (3x pro Woche)
Aktuelles Beschwerdebild
- Beschwerden bei Abduktion über 60° sowie Belastungsschmerzen im gesamten Schulterbereich während des Berufsalltages - Unkoordinierte Bewegungsabläufe sowie temporäres Taubheitsgefühl im Fingerbereich
Medikamenteneinnahme
Schmerzmittel (Ibuprofen 400) während Berufsalltag
behandelnder Arzt/ Physiotherapeut
Herr Dr. J./ Frau Dr. K.
Ärztliche Trainingsempfehlung
Langfristiges Kräftigungstraining für die Rotatorenmanschette sowie der Oberkörpermuskulatur allgemein an Geräten (geführte Bewegungsabläufe) sowie propriozeptives Training (Gruppensport über Reha- Verordnung; 50 Einheiten)

(http://orthopaedie.klinik-am-ring.de/index.php/Schultergelenk/engpass-impingement-syndrom-supraspinatus-sehnen-syndrom-schulter-operation-arthroskopie.html)

c) Funktionsdiagnostik

Die Beweglichkeitsuntersuchung der betrachteten Person erfolgt nach der Neutral- Null- Methode im Bereich des Schultergelenkes.

Diese Methode wurde entwickelt, um eine einheitliche Beurteilung von Gelenkwinkeln zu ermöglichen. Mit Hilfe eines Goniometers werden 3 Winkelgradzahlen vermessen, welche Aussage über die jeweilige Beweglichkeit des betrachteten Gelenkes geben. Die zweite Zahl gibt dabei die Neutral- Null- Stellung im Gelenk an. Zu Beginn führt der Patient selbständig die Bewegung aus, wobei er sich aus der Neutral- Null- Stellung mit der jeweiligen Extremität herausbewegt. Die Winkelzahlen werden vom Trainer abgelesen und notiert. Aus den Daten ergeben sich Trainingsvarianten im Trainingsplan, je nach Einschränkung des Patienten.

Die Patientin leidet unter Beschwerden im Schultergelenk, woraus hervorgeht, dass die Durchführung sich auf die folgenden Bewegungsmuster des Schultergelenkes bezieht.

Schultergelenk- Retroversion/ - Anteversion

Schultergelenk- Abduktion/ - Adduktion

Schultergelenk- Außenrotation/- Innenrotation (Tiefenrotation)

Schultergelenk- Außenrotation/- Innenrotation (Hochrotation)

Die Ausgangsstellung (Neutral- Null) setzt sich aus einem aufrechten Stand, aufgerichtetem Kopf und einem hüftbreitem Stand mit paralleler Fußstellung zusammen. Die Hände hängen seitlich am Körper herab und die Finger sind gestreckt, wobei der Daumen nach vorne zeigt. Die Ausgangsstellung ist Voraussetzung für jede neue Messung in den verschiedenen Bewegungsrichtungen.

Die Modalitäten der Bewegungsdurchführungen sind folgende.

Retroversion

Die Arme werden auf der Sagitalebene nach hinten geführt.

Anteversion

Die Arme werden auf der Sagitalebene nach vorne oben gehoben.

Abduktion

Die Arme werden auf der Frontalebene nach oben gehoben.

Adduktion

Die Arme werden auf der Frontalebene vor dem Körper Richtung Körpermitte geführt. Der Arm bleibt dabei gestreckt.

Außenrotation (Tiefenrotation)

Die Ellenbogen werden gebeugt (90°) und die Arme drehen dann nach außen. Die Hände entfernen sich dabei vom Körper weg. Die Bewegung wird auf der Transversalebene durchgeführt.

Innenrotation (Tiefenrotation)

Beide Ellenbogen werden gebeugt (90°) worauf dann die Arme hinter dem Rücken verschränkt werden. Die linke Hand nährt sich demzufolge hinter dem Rücken dem rechten Ellenbogen.

Außenrotation (Hochrotation)

Erneut werden die Ellenbogen bis auf 90° gebeugt, jedoch auch zusätzlich auf der Frontalebene (90°) angehoben. Die Unterarme werden nun nach oben hinten gedreht.

Innenrotation (Hochrotation)

Die Ellenbogen sind auf 90° gebeugt und seitlich angehoben (auch 90°). Die Unterarme drehen nun nach unten.

Da bei der Patientin beide Schultergelenke operiert wurden und temporär schmerzhaft sind sowie im Bewegungsbild gestört, wurde bei einigen Bewegungsabläufen die Schulter per Hand des Therapeuten fixiert, um Ausweichbewegungen zu verhindern.

Alle Bewegungsrichtungen wurden untersucht und vermessen. Dabei ergaben sich folgende Werte bei der Patientin.

Tab.3: Bewegungsausmaße des Schultergelenkes

Physiologische Werte	Gemessene Werte
Retroversion/ Anteversion	
45°/0°/170°	40°/0°/150°
Abduktion/ Adduktion	
180°/0°/40°	Schmerzfreie Abduktion: 120°- 180° und 0°- 60° Schmerzfreie Adduktion: 0°- 35° Schmerzhafter Bereich: 60°- 120° bei Abduktion
Außenrotation/ Innenrotation (Tiefenrotation)	
60°/0°/95°	50°/0°/85°
Außenrotation/ Innenrotation (Hochrotation)	
70°/0°/70°	Nicht möglich, wegen Schmerz bei 90° Abduktion

(http://www.physiopaed.de/n0oe.htm)

d) Bewertung der Diagnosedaten

Anhand der Diagnosedaten lässt sich erschließen, dass die Patientin im Allgemeinen gut belastbar ist. Jeglich im Bereich des Schultergelenkes müssen Bewegungseinschränkungen an den Maschinen berücksichtigt werden. So sollte zum Beispiel die Abduktion auf Frontalebene im Schultergelenk zu Beginn des Trainings vermieden werden, da diese sich im schmerzhaften Bereich befindet. Des Weiteren ist es wichtig darauf zu achten, den Humeruskopf nicht aktiv gegen das Schulterdach zu führen, sondern eher gezielt durch Muskeltraining diesen davon „wegzubewegen", damit genügend „Raum" unterm Schulterdach geschaffen werden kann und keine erneute Schleimbeutelreizung etc. auftreten kann.

Der zeitliche Verfügungsrahmen der Patientin ist gerade im Hinblick auf die letzten zwei Mesozyklen zwar nicht optimal, aber es können trotzdem Trainingsziele erreicht werden. Die Belastbarkeit im Schultergelenk wird zu Beginn des Makrozyklus gering sein, bezüglich im Rückblick auf die Operation und die noch vorhandenen Beschwerden. Im Laufe der Zeit wird sich dieses jedoch durch Muskelstärkung verbessern. Die restliche Muskulatur kann in einem Ganzkörpertraining ohne Einschränkungen trainiert werden. Bezüglich des Alters der Patientin muss an einigen Maschinen der ROM- Wert angepasst werden, damit keine Schmerz-beschwerden auftreten. Die Neutral- Null- Methode weißt einige Abweichungen von den normal Physiologischen Messwerten auf. Wird jedoch das Alter der Patientin betrachtet so sind diese Werte im Normalbereich (Verschleißerscheinungen, altersbedingte Bewegungseinschränkungen).

EA 2) Zielsetzung/ Prognose

Unter Berücksichtigung der ermittelten Diagnose- und Anamnesedaten wurden folgende Zielsetzungen für das rehabilitative Training festgelegt.

Verbesserung der Sensorik/ Propriozeption

Dieses Ziel dient als Basis für die fortlaufenden Trainingsmaßnahmen der Patientin (betrachtete Person). Da diese kaum sportlich aktiv ist und Bewegungsschwierigkeiten im Schultergelenk hat, ist die Verbesserung der Propriozeption wichtig, damit Übungsabläufe korrekt und koordiniert durchgeführt werden können. Erreicht wird dieses Ziel durch eine stetige Trainingsbetreuung (Qualität der Bewegungsausführung sichern) sowie die Durchführung eines begleitenden Rehabilitationskurses neben dem Krafttrainingsprogramm. Inhalt des Kurses sind ausschließlich propriozeptive Übungen. Während der Kurs 50 Einheiten umfasst (2x pro Woche) bezieht sich die Trainingsbegleitung auf den gesamten Trainingszyklus. Ziel ist es, der Patientin ein Gefühl von richtigen Bewegungsabläufen zu vermitteln sowie die eigene Körperwahrnehmung zu verbessern und koordinative Fähigkeiten zu schulen.

Verbesserung des allgemeinen und lokalen Muskel- und Gelenkstoffwechsels

Gerade nach dem operativen Eingriff der Patientin, ist es wichtig geschädigte Strukturen wieder aufzubauen. Dadurch kann für den weiteren Trainingsverlauf eine höhere Belastungsverträglichkeit gesichert werden. Durch ein bradytrophes Training wird das Trainingsziel erreicht werden. Es ist wichtig, dass die Patientin die Chance bekommt sich langsam an die Kraftgeräte zu gewöhnen sowie biochemische Vorgänge in der Muskulatur durch geringere Intensitäten zu ermöglichen. Bezüglich der geringen sportlichen Aktivität und der Immobilisation im Schultergelenk über einen längeren Zeitraum wird nach dem bradytrophen Training ein Kraftausdauertraining eingeleitet, damit sich die atrophierten FT- Fasern wieder aufbauen. Vorerst wird jedoch ein bradytrophes Training mit geringer Intensität und einer höheren Wiederholungsanzahl gewählt, über einen Zeitraum von 4 Wochen. Atrophierte Strukturen müssen erst langsam und vorsichtig aufgebaut werden, da eine zu früh zu hohe Belastung erneut zu Überreizungen bzw. Entzündungen führen kann.

<u>Erreichen einer Muskelhypertrophierung</u>

Zum Ende des Makrozyklus hin, wird unter der Maßgabe, dass die Patientin schmerzfrei geworden ist, das Ziel gesetzt, Muskulatur aufzubauen, um vorherige Muskelatrophien zu beseitigen. Gerade auf den Schulterbereich wird primär eingegangen. Im Hinblick auf das Berufsbild der Patientin werden auf eine starke Oberkörper- und Rumpfmuskulatur geachtet und danach die Übungen zusammengestellt. Inhaltlich verfolgt das Training den Zustand bis zur lokalen Erschöpfung, um gezielt Muskelfasern neu zu rekrutieren. Zeitlich gesehen, umfasst dieses Ziel 6 Wochen. Gerade bei einer zu schwachen Schultermuskulatur unter ständiger Belastung, welche der Patientin ausgesetzt ist, ist es gesundheitlich wicht Muskelmasse aufzubauen, damit Gelenke und Strukturen geschützt und unterstützt werden. Nur ein hypertrophierter, in sich starker Muskel kann Alltags- sowie Berufsbelastungen über Dauer aushalten, damit es nicht zu Schleimbeutel- bzw. Sehenansatzentzündungen kommt.

EA 3) Trainingsplanung Makrozyklus

Die medizinischen Heilbehandlungen sind abgeschlossen und die berufliche Tätigkeit wurde wieder aufgenommen. Jedoch besteht noch keine hundertprozentige Genesung des Beschwerdebildes. Diesbezüglich wurde folgender Makrozyklus für ein rehabilitatives Training erstellt.

Tab. 4: Darstellung des Makrozyklus in einem Zeitraum von 6 Monaten

	Mesozyklus I	Mesozyklus II	Mesozyklus III	Mesozyklus IV
Dauer (Wochen)	4	6	5	6
Spezifisches Trainingsziel	Bradytrophes Training	Kraftausdauer	Hypertrophietraining	Hypertrophietraining
Trainingseinheiten pro Woche	2	2	2	2
Organisationsform	GK	GK	GK	GK
VB				
Erst zu Beginn des Mesozyklus III wurde ein ILB- Test durchgeführt, vorher wurde sich am subjektiven Belastungsempfinden orientiert				
Übungsanzahl pro Muskelgruppe	1-2	1-2	1-2	2
Satzanzahl pro Übung	1-2	1-2	1-2	1-2
Satzpausen	90 Sek.	60 Sek.	120 Sek.	120 Sek.
Wiederholungszahlen	40	20	15	15
Intensitäten (subjektives Belastungsempfinden)	gering	moderat	50- 70% ILB	50- 70% ILB
GB				
Für den gesunden Bereich wurde vorher ein ILB- Test zur Bestimmung der Intensität festgelegt				
Übungsanzahl pro Muskelgruppe	1-2	1-2	1-2	2
Satzanzahl pro Übung	1-2	1-2	1-2	1-2
Satzpausen	90 Sek.	60 Sek.	120 Sek.	120 Sek.
Wiederholungszahlen	30	20	15	15
Intensitäten (nach ILB vom max.RM)	gering	50- 70%	50-70%	50-70%
Bewegungstempo	ruhig und gleichmäßig 2/1/2	ruhig und gleichmäßig 2/0/2	langsam und 2/0/2 Tempo	langsam und 3/0/1 Tempo

(Albers& Reiß, 2011, S.156ff)

Bezüglich des Makrozyklus ist zu sagen, dass zu Beginn der verletzte Bereich rein nach subjektivem Belastungsempfinden trainiert wird. Die Patientin hat ihre Heilbehandlung gerade erst beendet, leidet jedoch trotzdem sowohl unter Schmerzzuständen im Schulterbereich als auch unter Bewegungseinschränkungen. Ein Krafttest (nach ILB) wäre demzufolge im verletzten Bereich zu Beginn des Makrozyklus völlig kontraindizierend, da dieser noch nicht normal belastbar ist. Die Patientin wird als Beginnerin im Kraftsport eingeschätzt, welches aus den

Diagnosedaten hervorgeht, daran ist die Intensität (am Grobraster nach ILB) bestimmt worden (Albers& Reiß, 2011, S.156). Für den gesunden und verletzten Bereich wurden die gleichen spezifischen Trainingsziele gewählt, da die Patientin anhand der Diagnosedaten als eher unsportlich eingestuft wird und langsam mit dem Muskeltraining anfangen muss, um erfolgreich Strukturen aufzubauen. Des Weiteren wurden ausschließlich Kraftgeräte in ihren Trainingsplan aufgenommen. Diese sind geführt (Bewegung) und erleichtern ihr den Einstieg sich sportlich zu betätigen. Jedoch ist gerade ein propriozeptives Training für sie von Bedeutung. Damit dieses Ziel umgesetzt werden kann, nimmt die Patientin vor dem Krafttraining an einem 45- minütigen Rehabilitationskurs teil, welcher sich ausschließlich mit Propriozeption befasst. Erst danach trainiert sie an Kraftgeräten. Der begleitende Rehabilitationskurs erstreckt sich über den gesamten Makrozyklus. Die Patientin trainiert in einem Kieser Trainingsbetrieb und nutzt die dort vorhandenen DELPHEX- Maschinen, welche für sie zu Beginn des Makrozyklus von einem Therapeuten eingestellt und genauestens erklärt werden

(Kieser, 2008, S. 76ff).

Die Trainingshäufigkeiten wurden nach dem zeitlichen Verfügungsrahmen der Patientin bestimmt. Da sie jedes Training mit einem Gruppenkurs verbindet und Kieser Training die Einsatzmethode als Konzept verfolgt (Kieser, 2008, S.54), wird somit ihr Zeitlimit nicht überschritten.

In den ersten 4 Wochen, welche auch als Orientierungsphase dienen, wurde die Patientin stetig von einem Therapeuten an den Geräten begleitet, damit die Bewegungsqualität gesichert ist. Nach der 4. Woche trainiert die Patientin selbständig jedoch unter Aufsicht mehrerer Therapeuten im Trainingsbetrieb. Dadurch ist ein gesundheitsorientiertes Training gewährleistet. Ein allgemeines und lokales Muskelausdauertraining ist die Trainingsvariante, welche zu Beginn im Mittelpunkt steht, damit sich der Muskelstoffwechsel verbessert. Des Weiteren schult sich die intermuskuläre Koordination. Diese Phase dient dazu, die atrophierte verletzte aber auch gesunde Muskulatur und Struktur von den Stoffwechselprozessen her zu verbessern. Da bei einer Schulterarthroskopie das Ligamentum Coracoacromiale durchtrennt wurde und der Schleimbeutel entfernt, ist es wichtig die umliegenden Strukturen zu stärken und biochemische Prozesse im Muskel (Kapillarisierung, intrazelluläres Sauerstoffangebot) zu verbessern. Nachdem es innerhalb von 10 Wochen primär um die „Ökonomisierung" der Muskelarbeit

ging, erfolgt nun ein 11- wöchiges Hypertrophietraining, welches in zwei Mesozyklen gesplittet ist. Dies gilt der unterschiedlichen Übungsauswahl sowie kleinen Abwandlungen im Bewegungstempo. Ziel ist es, damit die Motivation der
Patientin aufrecht zu erhalten, indem „Neues" auf dem Trainingsplan erscheint.
Der Sinn des Hypertrophietrainings besteht darin, Muskelatrophien zu beseitigen
sowie die Muskulatur inter- und intramuskulär zu verbessern. Der Muskelquer-
schnittvergrößert sich minimal und schützt sowie stützt dadurch die umliegenden
Gelenke und Strukturen. Des Weiteren werden Knochen durch den Muskeltonus
in der richtigen biologischen Position gehalten und berühren bzw. reiben oder
drücken nicht an/ auf Strukturen wie zum Beispiel Schleimbeutel. Damit ein ste-
tiger Erhalt der gesundheitsorientierten Arbeitsweise der Muskulatur gesichert
werden kann, wird der Patientin empfohlen, auch nach dem rehabilitativen Krafttrainingsprogramm weiterhin sich sportlich zu betätigen (Kieser Training AG,
2005, S.124ff).

EA 4) Trainingsplanung Mesozyklus

Zur detaillierten Darstellung wurde der Mesozyklus II ausgewählt. Anhand dieses
Zyklusverlaufes wird gezeigt, welche Übungen der Patientin in ihrem rehabilitativen Krafttrainingsprogramm gezielt helfen sollen, ihre Schultergelenke
schmerzfrei bewegen und belasten zu können. Die Bezeichnung der Maschinen
bezieht sich auf die DELPHEX- Maschinen (Kieser, 2008, S. 76ff), welche in
jedem Kieser Trainingsbetrieb vorhanden sind.

Tab.5: Darstellung des Mesozyklus II

Zyklusdauer	6 Wochen
Spezifisches Trainingsziel	Kraftausdauer
Trainingseinheiten pro Woche	2
Organisationsform	GK
Übungen pro Muskelgruppe	1-2
Sätze pro Übungen	1-2
Satzpausen	60sek
Wiederholungszahl	20
Intensität	VB: moderat GB: 50- 70% (nach ILB von max.RM)

Kraftübungen für den verletzten Bereich (VB)		
Übung (DELPHEX- Maschine)	Intensität (hinweg über 6 Wochen)	Wiederholungen
Überzug	moderat	20
Ruderzug	moderat	20
Barrenstütz sitzend	moderat	20
Schulterdrehung nach innen/ außen	moderat	20

Kraftübungen für den gesunden Bereich (GB)							
Übung (DELPHEX- Maschine)	Intensität (nach ILB von-max.RM) Woche (in %)						Wiederholungen
	1.	2.	3.	4.	5.	6.	
Beinpresse	50	50	55	65	70	70	20
Spreizung im Hüftgelenk	50	50	55	65	70	70	20
Rückenstreckung	50	50	55	65	70	70	20
Rückenflexion	50	50	55	65	70	70	20

Das spezifische Trainingsziel dieses Mesozykluses ist es, die Kraftausdauer zu verbessern. Hinsichtlich dieses Trainingszieles wurden die Trainingsparameter ausgewählt. Die Patientin hat sich mittlerweile an die Geräte gewöhnt und trainiert selbständig. Die Beschwerden zeigen sich lediglich unter Belastung über einen längeren Zeitraum. Schluss folglich weißt dies auf eine Schwäche in der Kraftausdauer hin. Da die Patientin im Allgemeinen eher unsportlich ist, wird auch der gesunde Bereich gleichermaßen trainiert. Lediglich die Intensität wird anders bestimmt. Im VB wird zu Beginn, ein moderates Trainingsgewicht gewählt. Dies bedeutet, dass die Patientin am Ende des Satzes (nach 20 Wiederholungen) die Belastung schon deutlich spürt jedoch sich nicht voll auslastet. Die Annährung an dieses moderate Trainingsgewicht erfolgte im ersten Mesozyklus. Werden alle 20 Wiederholungen ohne Schmerzen und mit einer optimalen Trainingsqualität ausgeführt, so darf das Trainingsgewicht zum nächsten Training hin gesteigert werden (um 2ftpd, welches die geringste Gewichtssteigerung ist). Wichtig ist dabei lediglich, dass noch keine volle Erschöpfung zum Ende eines Satzes hin erreicht wird. Die ausgewählten Übungen für den verletzten Bereich dienen hauptsächlich dazu, die subacromiale Kompression zu verringern indem die Schulterdepressoren gestärkt werden. Diese dienen dazu, den Oberarmkopf in seiner optimalen Position zu halten. Ziel dieses Kraftausdauertrainings ist es, eine Dekompression des subacromialen Raumes zu erreichen. Die Überzug- Maschine wird mit einem eingeschränkten ROM in der Anteversion im Schultergelenk trainiert. Dadurch wird die Kompression des Oberarmkopfes gegen das Schulterdach ausgeschlossen. Die Arme werden auf der Sagitalebene geführt, wobei die Kraft isoliert aus dem großen Rückenmuskel kommt (Kieser, 2002, S.137). Die Kaudalverlagerung des Oberarmkopfes sind sowohl hier das Trainingsziel als auch beim Ruderzug und beim Barrenstütz sitzend. Primär dient dieser Mesozyklus jedoch der Verbesserung der inter- und intramuskulären Koordination, da erst beim Hypertrophietraining die vorher genannten Ziele optimaler erreicht werden können. Gerade beim Überzug und Ruderzug, welche zwei unterschiedlich voneinander geführte Armhebel haben, kommt es auf ein gleichmäßiges kontrolliertes Bewegungsbild an. Der Ruderzug gilt der Kräftigung des mittleren Trapezmuskels, welcher bei bewusster Miteinbeziehung im aufrechten Stand eine Rundrückenhaltung verhindert. Ein Rundrücken mit leicht abduzierten Armen führt oft zu einem Impingementsyndrom. Diesbezüglich dient diese Maschine auch gezielt der Prävention. Des Weiteren werden latissimus dorsi und Bizeps gefordert, welche die Oberarmkopfposition im Schultergelenk optimieren. Der Barrenstütz sitzend muss mit betonter Kaudalverlagerung des Oberarmes trainiert werden, damit Kompressionsstress im Schultergelenk verhindert wird. Vorrangig dient diese Übung der Aufrichtung im Oberkörper und damit der Fehlhaltung entgegen. Des Weiteren werden die Schulterblätter nach unten zentriert (Trapezmuskulatur) und damit die Schulterstruktur optimiert. Bei der Schulterrotation nach innen und außen (eine Maschine) kommt es auf die Zentrierung des Oberarmkopfes im Schultergelenk an. Zu Beginn des Mesozykluses wird die Sitzhöhe so eingestellt, dass der Abduktionswinkel im schmerzfreien Bereich ist. Dazu wird der Sitz höher als üblich einstellt und verdreht. Dadurch befindet sich der abduzierte Arm nicht direkt neben der Schulter (nicht auf Frontalebene) sondern leicht davor (mittig zwischen Frontal- und Sagitalebene). Diese Position ist schmerzfrei und kann im Laufe des Zyklus je nach Fortschritt angepasst werden. Ziel ist es auch die intermuskuläre Koordination in der Rotatorenmanschette zu verbessern (Kieser Training AG, 2005, S.175).

Die Übungen für den gesunden Bereich dienen der Verbesserung der Kraftausdauer beim Stehen (berufsbildbezogen), Laufen und Sitzen. Diesbezüglich wurden Unterkörper- und Rumpfmuskelübungen ausgewählt (Kieser, 2002, S.152).

Zwei kontraindizierende Übungen sind die Maschinen E1 bis E3, welche Seitheben, Nacken drücken und Drücken umfassen. Beim Seitheben wird ein Kompressionsdruck durch den Deltamuskel im Schultergelenk erzeugt. Anhand der Neutral- Null- Methodentestung wäre diese Übung auch im schmerzhaften Bereich der Patientin. Der Oberarmkopf drückt sich während der Abduktion direkt in den subacromialen Raum, was diesen Schmerz hervorruft und bei Übertraining an dieser Maschine auch ein Auslöser für ein Impingementsyndrom werden kann.

Des Weiteren kommt es bei einem Impingementsyndrom mit verstärktem Deltatraining zu einem Druck auf die Supraspinatussehne, diese bildet dann Kalkbälkchen als Gegendruckschutzmaßnahme, welche jedoch bewegungseinschränkend ist und Schmerzen verursachen kann.

Beim Nacken drücken und Drücken verhält es sich ähnlich. Es entsteht ein starker Kompressionsdruck, da die Übung über Kopf durchgeführt wird. Diese Übungen würden bei der Durchführung die bereits geschädigten, verkürzten bzw. entzündeten Strukturen nur noch weiter schädigen. Da die Patientin ja bereits eine Schulterathroskopie hatte und ihr der Schleimbeutel entfernt wurde, liegt zwar hier die Gefahr einer erneuten Entzündung nicht mehr zu Grunde, jedoch können trotzdem umliegende Strukturen gereizt werden.

EA 5) Literaturrecherche

Die erste der zwei recherchierten Studien wurde an der Linköping Universität in Schweden in Zusammenarbeit mit dem Universitätskrankenhaus durchgeführt. Sie wurde im Februar 2012 im BMJ (britisch medical journal) online in Zusammenarbeit mit Theresa Holmgren, Hanna Björnsson Hallgren, Birgitta Öber, Lars Adolfsson und Kajsa Johansson veröffentlicht. Ziel war es, herauszufinden, ob ein gezieltes spezifisches Training zur Stärkung der Rotatorenmanschette und der Schulterstabilisatoren in Kombination mit Mobilisationsübungen mehr Erfolg in Schmerzfreiheit und Bewegungsfunktionalität bringt, als ein wahlloses Schulter- und Nackentraining. Die Studie wurde mit 102 Patienten durchgeführt, welche bereits mehrere Heilversuche erfolglos durchlaufen haben und seit über 6 Monaten unter einem Impingementsyndrom leiden. Die Patienten wurden in zwei Gruppen aufgeteilt, die eine trainierte die spezifischen Kraftübungen, die andere die wahllosen Schulternackenübungen. Die Studie zog sich über einen Zeitraum von 12 Wochen, in denen die Patienten 5 bis 6 Mal bei Trainingseinheiten begleitet wurden. In diesen 12 Wochen haben die Patienten ein- bis zweimal pro Tag zu Hause die erlernten Übungen durchgeführt. Anhand der Constant- Murley- Skala wurde zu Beginn und zum Ende der Studie die Beweglichkeit und der Schmerzzustand gemessen. Des Weiteren wurden die Patienten nach ihrem subjektivem Empfinden gefragt, inwieweit sie sich besser fühlen oder noch das gefühl haben, eine Operation zu benötigen. Die Studie haben 97% der Patienten bis zum Ende hin durchgeführt. Die Ergebnisse ergaben sowohl nach der Murley- Skala als auch nach dem subjektiven Empfinden eine eindeutige Verbesserung bei den spezifischen Übungsdurchführungen. Die Gruppe, welche die spezifischen Übungen durchgeführt hatte lag im Durchschnitt 15 Punkte über der Vergleichsgruppe. Einige der Patienten, welche die spezifischen Übungen durchgeführt hatten, konnten darauf sogar ganz und gar von einer Operation absehen. Schluss folglich ist festzuhalten, dass eine spezielles Training für die Kräftigung Rotatorenmanschette und der Schulterstabilisatoren zu einer eindeutigen Verbesserung der Schulterfunktion und Schmerzfreiheit führt und sogar die Anzahl von Schulterathroskopien vermindern kann und dies in einem Zeitraum von nur 3 Monaten. (http://www.bmj.com/content/344/bmj.c787)

Die zweite Studie ist eher ein Pilotverfahren, welches auf erfolgreiche Trainings-programme an der Achillessehne zurückzuführen ist. Da die Supraspinatussehne Ähnlichkeiten in der biochemischen Zusammensetzung mit der Achillessehne aufweist, wurde das gleiche Trainingsverfahren ausgetestet. Die Studie wurde im Januar 2006 von Jonsson P, Wahlström P, Ohberg L und Alfredson H. durch-geführt. Ziel war es, herauszufinden, ob ein exzentrisches Training bei chroni-schem schmerzhaften Impingementsyndrom sinnvoll und erfolgreich ist. Die Stu-die basiert leider nur auf 9 Testpersonen (5 Frauen und 4 Männer, durchschnittli-ches Alter von 54 Jahren), welche bereits seit ca. 41 Monaten unter einem diag-nostizierten Impingementsyndrom leiden und auf einer Operationswarteliste ste-hen. Das Trainingsprogramm, welches getestet werden sollte, wurde unter fol-gendem Aspekt aufgestellt, dass die Patienten schmerzhafte exzentrische Trai-ningsübungen ausführen. Trainiert wurden der Supraspinatus und der Deltamus-kel. Das Trainingsprogramm wurde über einen Zeitraum von 12 Wochen durch-geführt. Zweimal am Tag wurde jede Übung in einem 3- Satztraining zu je 15 Wiederholungen trainiert und dies jeden Tag. Die Patienten bewerteten während den Trainingsphasen den Schmerzzustand in der horizontalen Abduktion anhand der VAS- Skala (visual analogue scale) und ihre Zufriedenheit mit der Behand-lung. Verwendet wurde die Constant- Murley- Skala. Nach 12 Wochen waren fünf Patienten zufrieden mit der Behandlung. Die Skalen- Werte hatten sich ins positive verändert und bei einem Check- up nach 52 Wochen waren sie immer noch mit dem Ergebnis zufrieden und brauchten keine Operation mehr, obwohl zwei von ihnen eine Supraspinatussehnenruptur hatten und die drei anderen ein verformtes Acromion. Zusammenfassend ist zu sagen, dass trotz der kleinen Testgruppe es möglich sein könnte, durch Hilfe von schmerzhaftem exzentri-schem Training gesundheitliche positive Veränderungen an Sehnen und Knochen hervorzurufen.

(http://www.ncbi.nlm.nih.gov/pubmed/15877219)

Tabellenverzeichnis

Literaturverzeichnis

Albers, T.& Reiß, M. (2011). *Studienbrief Trainingslehre 1- Allgemeine Trainingslehre.* Unveröffentlichtes Studienmaterial der Deutschen Hochschule für Prävention und Gesundheitsmanagement. Saarbrücken.

Kieser, W. (2008). *Ein starker Rücken kennt keine Schmerzen: Gesundheitsorientiertes Krafttraining nach der Kieser- Methode.* (6. Aufl.). München: Heyne.

Kieser, W. (2002). *Die Seele der Muskeln: Krafttraining jenseits von Sport und Show.* (10.Aufl.). Zürich: Walter.

Kieser Training AG (2005). *Handbuch Basiswissen.* (4.Aufl.). Unveröffentlichte Kieser Training Standarddokumente. Zürich.

Online im Internet: http://orthopaedie.klinik-am-ring.de/index.php/Schultergelenk/engpass-impingement-syndrom-supraspinatus-sehnen-syndrom-schulter-operation-arthroskopie.html [Stand:7.12.2013]

Online im Internet: http://www.bmj.com/content/344/bmj.e787 [Stand: 27.12.2013]

Online im Internet: http://www.ncbi.nlm.nih.gov/pubmed/15877219 [Stand: 27.12.2013]

Online im Internet: http://www.physiopaed.de/n0oe.htm [Stand: 26.12.2013]